MIGRAÇÃO e INTOLERÂNCIA

UMBERTO ECO

MIGRAÇÃO e INTOLERÂNCIA

TRADUÇÃO DE ELIANA AGUIAR
e ALESSANDRA BONRRUQUER

1ª edição

EDITORA RECORD
RIO DE JANEIRO • SÃO PAULO
2020

CIP-BRASIL. CATALOGAÇÃO NA PUBLICAÇÃO
SINDICATO NACIONAL DOS EDITORES DE LIVROS, RJ
E22m

    Eco, Umberto, 1932-2016
    Migração e intolerância / Umberto Eco. - 1. ed. - Rio de Janeiro: Record, 2020.

    ISBN 978-85-01-11713-7

    1. Imigrantes - Europa. 2. Xenofobia - Europa. 3. Europa - Relações étnicas - História. I. Título.

19-61561
CDD: 305.8094
CDU: 316.35-054.72(4)

Meri Gleice Rodrigues de Souza - Bibliotecária CRB-7/6439

Copyright © 2019 Editora La Nave di Teseo, Milão

Tradução: Eliana Aguiar ("Nota de Stefano Eco", "As migrações do terceiro milênio" e "Intolerância") e Alessandra Bonrruquer ("Um novo Tratado de Nijmegen" e "Experiências de antropologia recíproca").

capa: Leonardo Iaccarino
Imagem de capa: Westend61/Getty Images

Todos os direitos reservados. Proibida a reprodução, armazenamento ou transmissão de partes deste livro, através de quaisquer meios, sem prévia autorização por escrito.

Texto revisado segundo o novo Acordo Ortográfico da Língua Portuguesa.
Direitos exclusivos de publicação em língua portuguesa para o Brasil adquiridos pela EDITORA RECORD LTDA. Rua Argentina, 171 – 20921-380 – Rio de Janeiro, RJ – Tel.: (21) 2585-2000, que se reserva a propriedade literária desta tradução.

Impresso no Brasil

ISBN 978-85-01-11713-7

Seja um leitor preferencial Record. Cadastre-se em www.record.com.br e receba informações sobre nossos lançamentos e nossas promoções.

Atendimento e venda direta ao leitor: sac@record.com.br

7   Nota de Stefano Eco

9   As migrações do terceiro milênio

31 Intolerância

55 Um novo Tratado de Nijmegen

73 Experiências de antropologia recíproca

Nota

Migração e intolerância é uma pequena coletânea de escritos e intervenções de Umberto Eco. Algumas remontam a mais de vinte anos atrás, como fica claro desde a primeira linha, mas nos convidam a pensar sobre temas hoje ainda mais atuais e urgentes, com argumentos válidos e eficazes.

O primeiro texto reproduz parte de uma conferência proferida em janeiro de 1997, na abertura de um convênio organizado pela prefeitura de Valência sobre as perspectivas do Terceiro Milênio. O segundo traduz e adapta a introdução ao Fórum Internacional sobre a Intolerância, organizado em Paris pela Académie Universelle des Cultures, em 1997.

O terceiro texto foi extraído de um discurso proferido em 2012, na Universidade de Nijmegen, na Holanda, sede do primeiro tratado de paz europeu em 1678. O quarto é a introdução a uma antologia de textos sobre antropologia recíproca da associação Transcultura, publicada na França em 2011.

Os dois primeiros textos faziam parte do volume *Cinco escritos morais* (1997, que o próprio Eco já definia como uma colagem), os outros dois são inéditos na Itália. Todos foram escolhidos por sua relação com os temas das imigrações e da intolerância, que têm obrigado a Itália e a Europa a defrontar-se com a própria história e com os próprios valores. São textos que nos estimulam a pensar e agir com a cabeça e não com o fígado. E por isso são propostos aqui pelo editor.

Stefano Eco

AS MIGRAÇÕES DO TERCEIRO MILÊNIO

O ano 2000 aproxima-se. Não tenho a menor intenção de discutir aqui se o novo milênio começa à meia-noite do dia 31 de dezembro de 1999 e não à meia-noite de 31 de dezembro de 2000, como a matemática e a cronologia nos encorajariam a pensar. No campo simbólico, tanto a matemática quanto a cronologia são apenas uma opinião e certamente 2000 é uma cifra mágica, cujo fascínio é difícil de evitar depois de tantos romances do século passado anunciando as maravilhas do ano 2000.

Por outro lado, ficamos sabendo que, também do ponto de vista cronológico, os computadores entrarão em crise com as datas em 1º de janeiro de 2000, e não em 1º de janeiro de 2001. Nossos sentimentos podem ser impalpáveis e erráticos, mas os computadores não se enganam, mesmo quando o fazem: se vão se enganar no dia 1º de janeiro de 2000, eles têm razão.

Para quem o ano 2000 é mágico? Evidentemente, para o mundo cristão, visto que assinala 2 mil anos do presumível nascimento de Cristo (mesmo sabendo que Cristo efetivamente não nasceu no ano zero de nossa era). Não podemos dizer "para o mundo ocidental", porque o mundo cristão se estende também a civilizações orientais, assim como Israel faz parte do chamado "mundo ocidental", considerando nosso sistema de registro apenas em termos de *Common Era* e, de fato, numerando seus anos de modo diverso.

Por outro lado, no século XVII, o protestante Isaac de la Peyrère revelou que as cronologias chinesas eram muito mais antigas que as hebraicas, avançando a hipótese de que o pecado original envolvesse apenas a posteridade de Adão, mas não a de outras raças, nascidas muito tempo antes. Naturalmente, foi declarado herege mas, tivesse ou não razão do ponto de vista teológico, estava reagindo a um fato que, hoje em dia, ninguém mais coloca em dúvida: as várias datações em vigor em diferentes civilizações refletem teogonias e historiografias diversas, e a cristã é apenas uma entre tantas (gostaria de observar que a contagem *ab anno Domini* não é tão antiga como se costuma crer, pois ainda na Alta Idade Média os anos não eram computados a partir do nascimento de Cristo, mas da data provável da criação do mundo).

Considero que o ano 2000 também será celebrado em Singapura ou Pequim em virtude da influência do modelo europeu sobre os outros modelos. Provavelmente todos celebrarão o advento do ano 2000, mas para a maioria dos povos da Terra será apenas uma convenção comercial e não uma convicção íntima. Se uma civilização já florescia na China antes do nosso ano zero (e sabemos, ademais, que antes desse ano outras civilizações floresceram na bacia do Mediterrâneo, só que resolvemos numerar os anos em que Platão ou Aristóteles viveram como "antes de Cristo"), o que significa celebrar o ano 2000? Significa o triunfo do modelo que não chamarei de "cristão" (porque os ateus também celebrarão o ano 2000), mas em qualquer caso de modelo europeu que, depois que Cristóvão Colombo "descobriu" a América — embora os índios da América digam que naquela época foram eles a nos descobrir —, se tornou também o modelo americano.

QUANDO CELEBRARMOS O ANO 2000, QUE ANO SERÁ PARA OS MUÇULMANOS, PARA OS ABORÍGINES AUSTRALIANOS, PARA OS CHINESES?

É CLARO
QUE PODEMOS
DESINTERESSAR-
-NOS DE TUDO
ISSO. O ANO 2000
É O NOSSO,
É UMA DATA
EUROCÊNTRICA,
É PROBLEMA
NOSSO.

Mas, à parte o fato de que o modelo eurocêntrico parece dominar a civilização americana — embora africanos, orientais e índios nativos, que não se identificam com esse modelo, também sejam cidadãos americanos —, temos o direito, nós europeus, de identificarmo-nos com o modelo eurocêntrico?

Alguns anos atrás, ao constituir em Paris a Académie Universelle des Cultures, que reúne artistas e cientistas de todo o mundo, redigiu-se um estatuto ou uma *charte*. E uma das declarações introdutivas dessa *charte*, que pretendia definir também as tarefas científicas e morais da academia, era de que assistiríamos, no próximo milênio, a uma "mestiçagem de culturas".

Se o curso dos acontecimentos não se inverter bruscamente (e tudo é possível), devemos nos preparar para o fato de que, no próximo milênio, a Europa será como Nova York ou como alguns países da América Latina. Em

Nova York assistimos à negação do conceito de *melting pot*, diversas culturas coexistem, dos porto-riquenhos aos chineses, dos coreanos aos paquistaneses: alguns grupos fundiram-se entre si (como italianos e irlandeses, judeus e poloneses), outros se mantêm separados (em bairros diversos, falando línguas diversas e praticando tradições diversas) e todos se encontram com base em algumas leis comuns e numa língua veicular, o inglês, que todos falam de modo insuficiente. Gostaria de lembrar que, em Nova York, onde a população dita "branca" se prepara para ser uma minoria, 42% dos brancos são judeus e os outros 58% são de origens diversíssimas, entre as quais os *wasps* (brancos, anglo-saxões e protestantes) são a minoria (há católicos poloneses, italianos, hispano-americanos, irlandeses etc.).

Na América Latina ocorreram, segundo os países, fenômenos diversos: em alguns casos os colonos ibéricos mestiçaram-se com os índios; em outros (como no Brasil), também com os africanos; em outros ainda, nasceram línguas e populações ditas "crioulas". É muito difícil, mesmo pensando em termos raciais de sangue, dizer se um mexicano ou um peruano é de origem europeia ou ameríndia, isso sem falar de um jamaicano.

Bem, o que espera a Europa é um fenômeno desse tipo, e nenhum racista, nenhum nostálgico reacionário poderá impedi-lo.

CONSIDERO QUE DEVEMOS DISTINGUIR O CONCEITO DE "IMIGRAÇÃO" DO CONCEITO DE "MIGRAÇÃO". TEMOS "IMIGRAÇÃO" QUANDO ALGUNS

INDIVÍDUOS (MESMO MUITOS, MAS EM MEDIDA ESTATISTICAMENTE IRRELEVANTE EM RELAÇÃO À CEPA ORIGINAL) TRANSFEREM-SE DE UM PAÍS PARA OUTRO

(COMO OS ITALIANOS OU IRLANDESES NA AMÉRICA, OU OS TURCOS HOJE NA ALEMANHA).

OS FENÔMENOS DE IMIGRAÇÃO PODEM SER CONTROLADOS POLITICAMENTE, LIMITADOS, ENCORAJADOS, PROGRAMADOS OU ACEITOS.

Não acontece da mesma maneira com as migrações. Violentas ou pacíficas, são como os fenômenos naturais: acontecem e ninguém pode controlá-los. Temos "migração" quando um povo inteiro, pouco a pouco, desloca-se de um território para outro (e não é relevante quantos permanecem no território original, mas em que medida os migrantes mudam radicalmente a cultura do território para o qual migraram). Houve grandes migrações do leste para o oeste, no curso das quais os povos do Cáucaso mudaram a cultura e a herança biológica dos nativos. Existiram as migrações dos chamados povos "bárbaros", que invadiram o império romano e criaram novos reinos e novas culturas, chamadas justamente de "romano-bárbaras" ou "romano-germânicas". Houve a migração europeia para o continente americano: de um lado, da Costa Leste até a Califórnia; de outro, das ilhas caribenhas e do México até o extremo do Cone Sul. Mesmo tendo sido parcialmente programada, falo de migração porque os brancos provenientes da Europa não assumiram os costumes e a cultura dos nativos, mas fundaram uma nova civilização à qual até mesmo os nativos (os que sobreviveram) se adaptaram.

Houve migrações interrompidas, como a dos povos de origem árabe para a península ibérica. Houve formas de migração programadas e parciais, mas nem por isso menos influentes, como a dos europeus para o leste e o sul (donde o nascimento das nações ditas "pós-coloniais"), em que os migrantes, apesar de tudo, mudaram os costumes das populações autóctones. Parece-me que até hoje não se fez uma fenomenologia dos diversos tipos de migração, mas seguramente as migrações são diversas das imigrações. Temos "imigração" quando os imigrantes (admitidos segundo decisões políticas) aceitam em grande parte os costumes do país para o qual imigram;

temos "migração" quando os migrantes (que ninguém pode prender nas fronteiras) transformam radicalmente a cultura do território para o qual migram.

Hoje, depois de um século XX cheio de imigrantes, encontramo-nos diante de fenômenos incertos. Hoje — em um clima de grande mobilidade — é muito difícil dizer se certos fenômenos são de imigração ou de migração. Há certamente um fluxo inextinguível do sul para o norte (os africanos ou médio-orientais para a Europa), os indianos invadiram a África e as ilhas do Pacífico, os chineses estão em todo lugar, os japoneses estão presentes com suas organizações industriais e econômicas, mesmo quando não se deslocam fisicamente de maneira massiva.

AINDA É POSSÍVEL DISTINGUIR IMIGRAÇÃO DE MIGRAÇÃO QUANDO TODO O PLANETA ESTÁ SE TORNANDO UM TERRITÓRIO DE DESLOCAMENTOS CRUZADOS?

Creio que sim: como já disse, as imigrações são controláveis politicamente, as migrações não; são como os fenômenos naturais. Enquanto estivermos nos limites da imigração, os povos podem pensar em manter os imigrantes em um gueto para que não se misturem com os nativos. Diante de um caso de migração não há mais guetos e a mestiçagem é incontrolável.

Os fenômenos que a Europa tenta enfrentar agora como se fossem casos de imigração são, ao contrário, casos de migração. O Terceiro Mundo está batendo às portas da Europa e vai entrar mesmo que a Europa não esteja de acordo. O problema não é mais decidir (como os políticos fingem acreditar) se estudantes com o *xador* devem ou não ser aceitas em Paris ou quantas mesquitas podem ser construídas em Roma. O problema é que, no próximo milênio (e como não sou um profeta não posso especificar a data), a Europa será um continente multirracial ou, se preferirem, "colorido". Se lhes agrada, assim será; se não, assim será da mesma forma.

Esse encontro (ou confronto) de culturas poderá ter resultados sangrentos e estou convencido de que, em certa medida, eles virão, serão impossíveis de eliminar e durarão bastante. Porém os racistas serão (em teoria) uma raça em vias de extinção. Será que não existiu um patrício romano que não suportava a ideia de que os gauleses, os sármatas ou os judeus, como São Paulo, também pudessem se tornar *cives romani* e de que um africano pudesse chegar ao trono imperial, como finalmente aconteceu? Esse patrício, no entanto, foi esquecido, derrotado pela história. A civilização romana era uma civilização de mestiços. Os racistas diriam que acabou se dissolvendo justamente por isso. Mas foram necessários quinhentos anos — o que parece ser um espaço de tempo suficiente para que nós também possamos fazer projetos para o futuro.

INTOLERÂNCIA

Em geral, fundamentalismo e integrismo são considerados conceitos estreitamente ligados, e também as duas formas mais evidentes de intolerância. Se consultarmos dois ótimos instrumentos, como o *Petit Robert* e o *Dictionnaire Historique de la Langue Française*, encontraremos na definição de "fundamentalismo" uma remissão imediata a integrismo. O que nos leva a pensar que todos os fundamentalistas são integristas e vice-versa.

Mas mesmo que isso fosse verdade, não seria evidente que todos os intolerantes são fundamentalistas e integristas. Mesmo que no momento presente enfrentemos diversas formas de fundamentalismo e que exemplos de integrismo sejam visíveis em todo lugar, o problema da intolerância é mais profundo e mais perigoso.

Em termos históricos o "fundamentalismo" é um princípio hermenêutico ligado à interpretação de um livro sagrado. O fundamentalismo ocidental moderno nasce nos ambientes protestantes dos Estados Unidos do século XIX e caracteriza-se pela decisão de interpretar literalmente as Escrituras, sobretudo no que se refere às noções de cosmologia, cuja veracidade a ciência da época parecia colocar em dúvida. Por isso a recusa, muitas vezes intolerante, de qualquer interpretação alegórica e especialmente de qualquer forma de educação que tentasse minar a confiança no texto bíblico, como acontecia com o darwinismo triunfante.

Essa forma de literalismo fundamentalista é antiga, e já havia entre os Pais da Igreja um debate que opunha os partidários da letra e os adeptos de uma hermenêutica mais leve, como a de Santo Agostinho. Mas, no mundo moderno, o fundamentalismo estrito só pode ser protestante, pois para ser fundamentalista é preciso assumir que a verdade é dada pela interpretação da Bíblia. No ambiente católico, ao contrário, é a autoridade da Igreja que garante a interpretação e, portanto, o equivalente ao fundamentalismo protestante assume, no máximo, a forma do tradicionalismo. Não tratarei aqui de considerar (deixando a tarefa aos especialistas) a natureza do fundamentalismo muçulmano e hebraico.

O FUNDAMENTALISMO É NECESSARIAMENTE INTOLERANTE? NO PLANO HERMENÊUTICO, SIM, MAS NÃO NECESSARIAMENTE NO PLANO POLÍTICO.

Podemos imaginar uma seita fundamentalista que assume que os próprios eleitos detêm o privilégio da justa interpretação das Escrituras, sem com isso exercer alguma forma de proselitismo e sem querer obrigar os outros a partilhar suas crenças ou lutar para realizar uma sociedade política nelas baseada.

Por outro lado, entende-se por "integrismo" uma posição religiosa e política segundo a qual os princípios religiosos devem tornar-se ao mesmo tempo modelo de vida política e fonte das leis do Estado. Se fundamentalismo e tradicionalismo são, por princípio, conservadores, existem integrismos que pretendem ser progressistas e revolucionários. Há movimentos católicos integristas que não são fundamentalistas, que se batem por uma sociedade inteiramente inspirada em princípios religiosos sem com isso impor uma interpretação literal das Escrituras, e talvez prontos a aceitar uma teologia nos moldes de Teilhard de Chardin.

As nuances podem ser até mais sutis. Basta pensar no fenômeno do politicamente correto na América. Nasceu para promover a tolerância e o reconhecimento de qualquer diferença, religiosa, racial e sexual e, no entanto, está se transformando em uma nova forma de fundamentalismo, que investe de maneira quase ritual contra a linguagem cotidiana e que atua ao pé da letra em detrimento do espírito — de modo que é possível discriminar um cego desde que se tenha a delicadeza de chamá-lo de "deficiente visual", e é possível, sobretudo, discriminar os que não seguem as regras do politicamente correto.

E o racismo? O racismo nazista era certamente totalitário, pretendia ser científico, mas nada havia de fundamentalista na doutrina da raça. Um racismo não científico, como o da Liga Lombarda, na Itália, não tem as mesmas raízes culturais que o racismo pseudocientífico (na verdade, não tem raiz cultural alguma), e mesmo assim é racismo.

E A INTOLERÂNCIA? REDUZ-SE A ESSAS DIFERENÇAS ENTRE FUNDAMENTALISMO, INTEGRISMO E NAZISMO? HOUVE FORMAS DE INTOLERÂNCIA NÃO RACISTAS

(COMO A PERSEGUIÇÃO AOS HEREGES OU A INTOLERÂNCIA DAS DITADURAS CONTRA SEUS OPOSITORES).

A INTOLERÂNCIA É ALGO BEM MAIS PROFUNDO, QUE ESTÁ NA RAIZ DE TODOS OS FENÔMENOS QUE CONSIDEREI ATÉ AQUI.

Fundamentalismo, integrismo, racismo pseudocientífico são posições que pressupõem uma *doutrina*. A intolerância coloca-se antes de qualquer doutrina. Nesse sentido, a intolerância tem raízes biológicas, manifesta-se entre os animais como territorialidade, baseia-se em relações emocionais, muitas vezes superficiais — não suportamos os que são diferentes de nós porque têm a pele de cor diferente, porque falam uma língua que não compreendemos, porque comem rãs, cães, macacos, porcos, alho, porque são tatuados...

A intolerância em relação ao diferente ou ao desconhecido é natural na criança, tanto quanto o instinto de se apossar de tudo o que deseja. A criança é educada para a tolerância pouco a pouco, assim como é educada para o respeito à propriedade alheia – antes mesmo do controle do próprio esfíncter. Infelizmente, se todos chegam ao controle do próprio corpo, a tolerância permanece um problema de educação permanente dos adultos, pois na vida cotidiana estamos sempre expostos ao trauma da diferença. Os estudiosos ocupam-se com frequência das doutrinas da diferença, mas não o suficiente da intolerância selvagem, pois esta foge a qualquer definição e abordagem crítica.

No entanto, não são as doutrinas da diferença que produzem a intolerância selvagem: ao contrário, estas desfrutam de um fundo de intolerância difusa preexistente. Pensemos na caça às bruxas. Ela não foi produto de épocas obscurantistas, mas da era moderna. *O martelo das feiticeiras* (*Malleus Maleficarum*) foi escrito pouco antes da descoberta da América, é contemporâneo do humanismo florentino; *La Démonomanie des sorciers*, de Jean Bodin, deve-se à pena de um homem do Renascimento, que escreveu depois de Copérnico. Não pretendo explicar aqui por que o mundo moderno produziu justificativas teóricas para a caça às bruxas. Quero apenas recordar que essa doutrina conseguiu se impor porque já existia uma desconfiança popular em relação às bruxas. É possível encontrá-la na Antiguidade clássica (Horácio), no Édito de Rotário, na *Summa Theologica* de São Tomás. Era considerada uma realidade cotidiana, assim como o código penal leva em consideração a existência dos ladrões. Mas sem essas crenças populares, uma doutrina da bruxaria e uma prática sistemática da perseguição não teriam condições de difundir-se.

O antissemitismo pseudocientífico surge no decorrer do século XIX e transforma-se em antropologia totalitária e prática industrial do genocídio apenas em nosso século. Porém, não poderia ter nascido se não existisse há séculos, desde os tempos dos Pais da Igreja, uma polêmica antijudaica e, no seio do povo comum, um antissemitismo prático que atravessou os séculos em qualquer lugar onde houvesse um gueto. As teorias antijacobinas do complô judaico, no início do século passado, não criaram o antissemitismo popular, mas exploraram um ódio pelo diferente que já existia.

A INTOLERÂNCIA MAIS PERIGOSA É EXATAMENTE AQUELA QUE SURGE NA AUSÊNCIA DE QUALQUER DOUTRINA, ACIONADA POR PULSÕES ELEMENTARES.

POR ISSO NÃO PODE SER CRITICADA OU FREADA COM ARGUMENTOS RACIONAIS.

Os fundamentos teóricos de *Mein Kampf* podem ser refutados com uma bateria de argumentos bastante elementares, mas se as ideias que propunha sobreviveram e sobreviverão a qualquer objeção é porque se apoiam em uma intolerância selvagem, impermeável a qualquer crítica. Acho mais perigosa a intolerância da Liga Norte italiana que a da Frente Nacional de Le Pen. Le Pen tem atrás de si clérigos que traíram, já Bossi não tem nada, salvo pulsões selvagens.

Basta ver o que está acontecendo nestes dias na Itália, onde 12 mil albaneses entraram no país no curso de uma semana ou pouco mais. O modelo público e oficial foi o da acolhida e a maior parte daqueles que querem frear esse êxodo, que pode se tornar insustentável, usa argumentos econômicos e demográficos. Mas qualquer teoria torna-se inútil diante de uma intolerância crescente, que ganha terreno a cada dia. A intolerância selvagem baseia-se num curto-circuito categorial que posteriormente pode ser emprestado a qualquer doutrina racista: se alguns entre os albaneses que entraram na Itália no ano passado tornaram-se ladrões ou prostitutas (e é verdade), todos os albaneses seriam, então, ladrões e prostitutas.

É um curto-circuito terrível porque constitui uma tentação constante para cada um de nós: basta que nos roubem a mala no aeroporto de um país qualquer para que voltemos para casa dizendo que é bom desconfiar das pessoas do tal país.

E mais, a intolerância mais tremenda é a dos pobres, que são as primeiras vítimas da diferença. Não há racismo entre os ricos. Os ricos produziram, no máximo, as doutrinas do racismo; mas os pobres produzem sua prática, bem mais perigosa.

Os intelectuais não podem lutar contra a intolerância selvagem, porque diante da animalidade pura, sem pensamento, o pensamento fica desarmado. E é sempre tarde demais quando resolvem lutar contra a intolerância doutrinária, pois quando a intolerância se faz doutrina é muito tarde para vencê-la, e aqueles que deveriam fazê-lo tornam-se suas primeiras vítimas.

MAS AÍ ESTÁ O DESAFIO. EDUCAR PARA A TOLERÂNCIA ADULTOS QUE ATIRAM UNS NOS OUTROS POR MOTIVOS ÉTNICOS E RELIGIOSOS É TEMPO PERDIDO.

TARDE DEMAIS. A INTOLERÂNCIA SELVAGEM DEVE SER, PORTANTO, COMBATIDA EM SUAS RAÍZES, ATRAVÉS DE UMA EDUCAÇÃO CONSTANTE QUE TENHA INÍCIO NA

MAIS TENRA INFÂNCIA, ANTES QUE POSSA SER ESCRITA EM UM LIVRO, E ANTES QUE SE TORNE UMA CASCA COMPORTAMENTAL ESPESSA E DURA DEMAIS.

UM NOVO TRATADO DE NIJMEGEN

Em 1678 e 1679, Nijmegen recebeu delegados de dezenas de países e cidades-estados europeus com o objetivo de pôr fim a uma série de guerras que devastavam nosso continente. Os Tratados de Paz de Nijmegen encerraram várias guerras interconectadas entre França, República Unida dos Países Baixos, Espanha, Brandemburgo, Suécia, Dinamarca, Principado-Bispado de Münster e Sacro Império Romano. A cidade foi o local de encontro de mediadores de toda a Europa, cooperando para findar as guerras que assolaram nosso continente no século XVII. Muito embora os tratados tenham sido mais tarde ignorados, eles foram (após os horrores da Guerra dos Trinta Anos) o primeiro exemplo de um esforço para estabelecer a paz através do diálogo e de negociações. Esse evento pode ser visto como um dos primeiros exemplos de cooperação e acordo na Europa e evento-chave na história europeia.

Mais de 250 anos se passaram entre os tratados e 1945, mas podemos dizer que a utopia nascida em Nijmegen foi realizada ao fim da Segunda Guerra Mundial. É fonte de contínua excitação, para as pessoas de minha geração, perceber (assim como para nossos filhos e netos aceitar como ideia óbvia) que hoje é inconcebível (se não ridículo) pensar em uma possível guerra entre França e Alemanha, Itália e Grã-Bretanha, Espanha e Holanda. Uma pessoa jovem — se não for estudante de história — não consegue conceber que conflitos assim foram a norma durante os dois últimos 2 mil anos. Às vezes, mesmo as pessoas mais velhas são incapazes de perceber isso conscientemente, exceto, talvez, quando sentem um frêmito no momento em que cruzam as fronteiras europeias sem passaporte e, com cada vez mais frequência, sem serem obrigadas a cambiar moeda — ao passo que não somente nossos ancestrais remotos, mas mesmo nossos pais, estavam habituados a cruzar as mesmas fronteiras com armas nas mãos.

De 1945 em diante, de maneira sutil, todo europeu passou a sentir que pertencia não somente ao mesmo continente, mas também à mesma comunidade, a despeito de muitas e inevitáveis diferenças linguísticas e culturais.

NÃO SOU UM IDEALISTA INGÊNUO E SEI MUITO BEM QUE, EMBORA OS EUROPEUS JÁ NÃO ATIREM UNS CONTRA OS OUTROS,

MUITAS FORMAS IGUALMENTE VIOLENTAS DE COMPETIÇÃO FREQUENTEMENTE DIVIDEM NOSSOS PAÍSES

— E A ATUAL CRISE ECONÔMICA NÃO ESTÁ PRODUZINDO UM NOVO SENSO DE FRATERNIDADE, MAS UMA ATMOSFERA DE DESCONFIANÇA MÚTUA.

Talvez o senso de identidade europeia não tenha o mesmo formato e a mesma evidência para todos os cidadãos das várias nações, mas, ao menos entre os mais responsáveis, particularmente entre os jovens mais cultos (por exemplo, entre a nova comunidade de estudantes que, por meio do Programa Erasmus, vivem com colegas de outros países e frequentemente se casam entre si, preparando uma futura geração bilíngue), a ideia de ser europeu se torna cada vez mais disseminada.

Talvez não nos sintamos suficientemente europeus quando viajamos pela Europa e ainda ficamos transtornados com os hábitos diferentes de nossos vizinhos, mas basta visitar outro continente para perceber que, mesmo quando gostamos desses países distantes, ao encontrarmos outro europeu temos a súbita sensação de termos voltado para casa e estarmos conversando com alguém que entendemos melhor que nossos anfitriões.

Subitamente, sentimos o cheiro de algo mais familiar e um italiano pode se sentir mais à vontade com, digamos, um norueguês que com um americano.

Infinitas são as razões pelas quais um francês pode pensar diferentemente de um alemão, mas ambos foram modelados por uma série de experiências comuns, desde a prosperidade conquistada por meio de disputas trabalhistas, e não da ética individualista de sucesso, até o antigo orgulho e então o fracasso do colonialismo, para não falar do fenômeno das pavorosas ditaduras (e nós não somente as conhecemos, mas, a essa altura, somos capazes de reconhecer seus sintomas premonitórios). Fomos vacinados pela experiência de muitas guerras em nossos territórios. Às vezes penso que, se dois aviões tivessem se chocado contra Notre Dame ou contra o Big Ben, certamente teríamos ficado devastados, mas sem o inexplicável assombro, a desesperada incredulidade e a síndrome depressiva que assolaram os americanos ao serem atacados por um inimigo em solo doméstico pela primeira vez em sua história. Nossas tragédias nos tornaram sábios e implacáveis, mais preparados para enfrentar o horror. Buscamos a paz porque passamos por muitas guerras.

Mas devemos ser realistas e reconhecer que, a despeito de tudo isso, a Europa ainda experimenta guerra, ódio e intolerância no interior de suas fronteiras. Devemos estar conscientes de que novas formas de conflito nos assombram, mesmo quando não as percebemos em toda sua magnitude e significância.

Ainda estamos, no interior de nossas fronteiras, envolvidos em uma forma de conflito (às vezes subterrâneo) com pessoas que vivem na Europa, mas que nós (ou, ao menos, muitos de nossos compatriotas) consideramos não europeias (ou, como se costuma dizer em alguns países, extracomunitárias). Precisamos ter a honestidade de admitir que muitos europeus ainda são incapazes de tolerar a crescente presença de estrangeiros não somente de cor diferente, como vindos de países menos desenvolvidos.

O DESAFIO ATUAL PARA UMA EUROPA PACÍFICA QUE, OTIMISTAMENTE, PODE CELEBRAR

O TRIUNFO DO ESPÍRITO DOS TRATADOS DE NIJMEGEN É SER CAPAZ DE ASSINAR UM NOVO TRATADO VIRTUAL CONTRA A INTOLERÂNCIA.

A luta contra nossa intolerância não se aplica apenas aos chamados extracomunitários: é uma forma de *wishful thinking* achar que o novo fenômeno do antissemitismo é uma doença marginal que afeta apenas uma minoria lunática. Episódios recentes nos dizem que o fantasma dessa milenar obsessão ainda está entre nós.

Hoje, em Nijmegen, enquanto celebramos a primeira utopia de uma paz europeia, devemos declarar guerra contra o racismo. Se não formos capazes de derrotar esse eterno adversário, sempre estaremos em guerra, embora tenhamos guardado nossas armas no sótão — e muitas armas ainda estão em circulação, como demonstrado recentemente pelos massacres na ilha de Utøya e na escola judaica na França.

**TODAVIA,
A LUTA CONTRA
A INTOLERÂNCIA
TEM SEUS
PRÓPRIOS LIMITES.**

LUTAR CONTRA NOSSA INTOLERÂNCIA NÃO SIGNIFICA QUE DEVEMOS ACEITAR TODA VISÃO DE MUNDO E TRANSFORMAR O RELATIVISMO ÉTICO NA NOVA RELIGIÃO EUROPEIA.

Enquanto educamos nosso povo, e especialmente nossas crianças, na direção de uma tolerância de mente aberta, devemos, ao mesmo tempo, reconhecer que existem hábitos, ideias e comportamentos que nos são – e devem continuar sendo – intoleráveis. Há valores, típicos do mundo europeu, que representam um patrimônio do qual não podemos nos livrar. Decidir e reconhecer o que, em uma visão tolerante, deve permanecer intolerável é uma linha divisória que os europeus são chamados a estabelecer todos os dias, com um senso de equidade e com o constante exercício daquela virtude que, desde Aristóteles, os filósofos chamam de prudência. Nesse sentido filosófico, a prudência não significa relutância em assumir riscos e não coincide com covardia. No sentido clássico da frônese, a prudência era a habilidade de governar e disciplinar a si mesmo através do uso da razão e, como tal, era considerada uma das quatro virtudes cardinais, frequentemente associada à sabedoria e à intuição, com a habilidade de julgar entre ações virtuosas e viciosas não somente no sentido geral, mas também com relação às ações apropriadas em determinado momento e local.

Deve ser possível, no curso de nossa guerra comum contra a intolerância, sempre ter a capacidade de distinguir entre tolerável e intolerável. Deve ser possível decidir como aceitar a nova pluralidade de valores e hábitos sem renunciar à melhor parte de nosso legado europeu. Não estou aqui hoje para propor soluções para o problema principal de uma nova paz europeia, mas para afirmar que somente ao enfrentarmos o desafio dessa guerra ubíqua teremos, de fato, um futuro pacífico. Devemos assinar, hoje, um novo Tratado de Nijmegen.

EXPERIÊNCIAS DE ANTROPOLOGIA RECÍPROCA

Quando, no início dos anos 1980, observadores africanos foram convidados à França para nos dizer como viam a sociedade francesa, e quando, em 1988, a iniciativa foi renovada com o convite à Bolonha de observadores franceses e chineses, a experiência se pareceu bastante com a imaginada por Montesquieu em suas *Cartas persas*, exceto pelo fato de que Montesquieu se colocara na pele de um persa fictício, ao passo que, nessas duas expedições europeias, tratava-se de "persas" autênticos.

As culturas sempre se observaram mutuamente, mas, em geral, nós, ocidentais, só conhecíamos as observações que fazíamos dos outros. Os historiadores gregos descreveram os usos e costumes dos persas, e os historiadores latinos, dos alemães e dos galeses. Por vezes esses "diferentes" foram descritos como bárbaros e, na época helênica e na Idade Média, como habitantes de lugares legendários infestados de monstros. Frequentemente, os "diferentes" foram idealizados como herdeiros de uma sabedoria perdida, e foi assim que nasceu o mito dos egípcios criado por filósofos gregos, a lenda do Preste João na Idade Média e a redescoberta da sabedoria caldeia na Renascença. Depois veio o momento da curiosidade, do desejo de documentar e decifrar os costumes e saberes ignorados, de Marco Polo aos exploradores jesuítas da Ásia.

Por fim, a antropologia cultural moderna buscou documentar melhor o conhecimento e reconstruir, a partir do interior, o sistema de uma civilização diversa, não somente para compreender um povo exótico, mas também para questionar, ao confrontá-los com outros modos de pensar, nossos próprios modelos de representação do mundo.

Mas, nesse esforço para aperfeiçoar seus próprios métodos, no jogo ambíguo de uma falsa consciência na qual se misturavam o desejo autêntico de compreensão, a noção de missão civilizatória do homem branco e o remorso pelos abusos da colonização, a antropologia moderna criou uma casta de observadores ocidentais que se julgavam capazes de compreender os outros, mas que prestavam pouca atenção aos modos de observação e conhecimento segundo os quais os outros nos compreendiam, e isso porque os outros só percebiam de nós aquilo que exportávamos para suas terras.

FOI COM ATRASO QUE NÓS, OCIDENTAIS, DESCOBRIMOS QUE OS OUTROS TAMBÉM NOS OBSERVAVAM. FOI APENAS RECENTEMENTE QUE DESCOBRIMOS OS TEXTOS QUE OS

INDÍGENAS DO NOVO MUNDO ESCREVERAM, CONTANDO COMO VIAM OS PRIMEIROS EUROPEUS, E QUE PUDEMOS LER A NARRATIVA DAS CRUZADAS DO PONTO DE VISTA MUÇULMANO.

O projeto inicial da Transcultura pretendia construir uma rede de visões alternativas. Naturalmente, o objetivo não era trazer ao Ocidente um "bom selvagem", virgem de qualquer informação sobre o mundo que visitaria. Além do fato de que, em uma civilização planetária, esse bom selvagem já não existe, mesmo que ainda pudéssemos encontrá-lo em alguma savana remota e o trouxéssemos para o Ocidente, ele não seria capaz de descrever diretamente uma sociedade diferente, porque sua visão nos chegaria sempre através do filtro da interpretação de um antropólogo ocidental. De qualquer modo, os pesquisadores não europeus que acolhemos em Bolonha eram homens cultos.

Alguns dentre eles eram acadêmicos de alto nível, mas Diawné Diamanka, que usava trajes tradicionais e praticamente só falava a própria língua, ocupava, como narrador, "jornalista" e "historiador" de seu povo, um papel social e intelectual importante.

Assim, de um lado eles eram homens cultos que se encontravam no Ocidente pela primeira vez e, portanto, possuíam o frescor e a virgindade psicológica daquele que descobre um país desconhecido, mas, por outro lado, também eram capazes de observar e exprimir suas próprias reações ao país anfitrião, o que nos permitiu ter acesso a suas experiências.

Por fim, como cidadãos de um mundo que não desconhece a imprensa, o cinema ou a televisão, eles também estavam a par das realidades que compõem o mundo ocidental, da mesma maneira que qualquer um de nós que vá a Mali sabe algumas das coisas que pode esperar, em função do que leu e viu. Se quisermos pesquisar o que, de uma maneira ou de outra, revela nossas diferenças, para além dos traços comuns que nos ligam à espécie humana, não será a distância incomensurável de um "olhar distante" que nos permitirá alcançar essas diferenças significativas, mas, acima de tudo, a proximidade razoável com nosso objeto de observação. O viajante de antigamente que descobria homens de aparência monstruosa e costumes desconhecidos não revelava a diversidade, mas a estranheza. A estranheza não nos atemoriza, ela nos fascina. Ninguém, ao menos na Europa, sente repulsa pelos aborígenes australianos. Ninguém jamais manifestou racismo ao conhecer esquimós.

O RACISMO,
QUE É A FORMA
DOENTIA DE UMA
REAÇÃO NATURAL
PERANTE A
DIVERSIDADE,
NASCE DA
PROXIMIDADE,

EM FACE DE ALGUÉM QUASE IGUAL A NÓS COM EXCEÇÃO DE ALGUMAS PARTICULARIDADES. O RACISMO NASCE DO *QUASE* E PROSPERA A PARTIR DELE.

Mas, do mesmo modo, a capacidade de coletar, descrever e justificar a diversidade nasce e prospera a partir desse *quase*. Ninguém entre nós seria capaz de descrever com precisão o mundo dos aborígenes australianos, mesmo vivendo longos meses entre eles. Mas basta que nos afastemos uns 50 quilômetros de nossa cidade natal para, subitamente, nos darmos conta das diferenças que nos separam de nossos vizinhos, incluindo suas inflexões dialetais, maneiras, atitudes e mesmo características fisionômicas e comportamentais. A tentação é traduzir essas diferenças em termos de carências, defeitos, deformações de caráter. Mas, em todos os casos, somos capazes de dizer em que sentido eles são diferentes de nós.

O fato de que há civilizações nas quais o espaguete é comido como recheio do pão não somente não nos incomoda como, às vezes, nos leva a uma rivalidade divertida. Mas o fato de que um alemão o consome com o garfo, mas de uma maneira que parece totalmente inapropriada a um italiano (cortando o espaguete com a faca) parece aos italianos insuportavelmente escandaloso.

Assim ocorreram as duas primeiras fases daquela experiência de antropologia alternativa: produzindo, de um lado, resultados curiosos que parecem inventados, mas são perfeitamente verdadeiros, como quando o narrador africano ficou estupefato ao descobrir que as mulheres francesas levam seus cachorros para passear usando guia e coleira, ou que os europeus ficam nus na praia, algo que, para um homem do continente negro, revela total ausência de dignidade; e, do outro, observações mais maliciosas e voluntariamente polêmicas, como a interpretação dos comportamentos italianos feita por Wang Bin, que, todavia, leu os mesmos livros que nós lemos e, apesar dessa proximidade, os julgou terrivelmente diferentes e imperdoáveis.

Levar mais longe essas experiências seria fácil, no sentido de que, uma vez compreendidas as regras do jogo, um ocidental poderia descrever seu próprio mundo do ponto de vista de um chinês, capaz de se escandalizar com o fato de não comermos cães do mesmo modo que alguns ingleses se escandalizam porque os franceses comem rãs.

Foi a partir disso que as iniciativas da Transcultura tomaram a forma do que defini como antropologia recíproca. Não mais uns (ativos) observando outros (passivos), mas uns e outros como representantes de culturas diversas analisando-se face a face e mostrando como podemos reagir de maneiras diferentes às mesmas experiências.

Foram dessa natureza a primeira viagem à China, em 1993, e a viagem a Mali em 2000. Consistiram em seminários itinerantes durante os quais, ao longo das diversas etapas da viagem, foram confrontadas as diferentes visões dos participantes, conduzindo, às vezes, a situações de antropologia recíproca elevada à décima potência, porque não somente, por exemplo, os chineses explicaram aos europeus sua maneira de ver as coisas, como os próprios europeus contaram aos chineses como os percebiam.

À medida em que essa experiência se desenvolvia, a Transcultura buscava se transformar em uma espécie de transenciclopédia cultural: iniciando um processo, um *work in progress*, dos quais os ensaios deste livro fornecem um vislumbre, mas que evoluiu rapidamente, passando de uma primeira a uma segunda versão do projeto.

No início a ideia era produzir, em uma abordagem conjunta, uma obra que identificasse os valores e princípios comuns às diferentes culturas, usando algumas palavras-chave como "paz", "guerra", "belo" ou "império". Mas quase imediatamente percebemos que, ao tentar detectar os elementos comuns, cada cultura teria de se submeter a uma filtragem tão severa, eliminando as diferenças para tentar fazer surgir um núcleo central, que reduziríamos a zero o potencial intrínseco dos conceitos originais, como se um imame de Tombuctu partilhasse exatamente as mesmas ideias e valores de um engenheiro de Lille. O desafio era, ao contrário, mostrar quão diferentes podiam ser entre si certos conceitos que, em um trabalho "bruto" de tradução, poderiam parecer homólogos. Como exemplo, apenas para dar uma ideia dos objetivos dessa segunda fase de confrontação, as diferenças abissais que separam o conceito chinês do conceito europeu medieval de império.

A COMPREENSÃO MÚTUA ENTRE CULTURAS DIVERSAS NÃO SIGNIFICA AVALIAR A QUE O OUTRO DEVE RENUNCIAR PARA SE TORNAR IGUAL,

MAS COMPREENDER MUTUAMENTE O QUE NOS SEPARA E ACEITAR ESSA DIVERSIDADE.

ELIMINAR O RACISMO NÃO SIGNIFICA DEMONSTRAR E SE CONVENCER DE QUE OS *OUTROS* NÃO SÃO DIFERENTES DE NÓS,

MAS COMPREENDÊ-LOS E ACEITÁ-LOS EM SUA DIVERSIDADE.

É nesse sentido que os encontros da Transcultura, como aqueles que ocorrerão no futuro, permitiram também desenvolver instrumentos de educação capazes de conduzir as mentes à aceitação do outro.

Para citar a antiga sabedoria chinesa expressa por Zhao Tingyang, por mais que queiramos verdadeiramente chegar à harmonia entre os povos, a harmonia não significa uniformidade: "Toda coisa perecerá caso se torne exatamente igual às outras [...] A harmonia faz as coisas prosperarem, ao passo que a uniformidade as faz perecer."

Este livro foi composto com as famílias tipográficas
Meridien e Trade Gothic e impresso em papel
alta alvura 120g/m2 na Bartiragráfica.